Cover and Chapter Art by
Robert Matsudaira

by
Chris Roberts
&
Carol Gaab

ISBN: 978-1-945956-75-1

Fluency Matters, P.O. Box 11624, Chandler, AZ 85248
info@FluencyMatters.com • FluencyMatters.com

A NOTE TO THE READER

This fictitious Comprehension-based™ reader is based on fewer than 130 high-frequency words in Spanish. It contains a manageable number of unique words and numerous cognates (words that are similar in two languages), making it an ideal read for advanced-beginning language students.

All vocabulary is listed in the glossary at the back of the book. Keep in mind that many words are listed in the glossary more than once, as most appear throughout the book in various forms and tenses. (Ex.: I go, he goes, let's go, etc.) Vocabulary that would be considered beyond a 'novice' level is footnoted within the text and the meaning given at the bottom of the page where each occurs.

The opinions and events in this story do not reflect or represent the opinions or beliefs of Fluency Matters. This story is intended for educational entertainment only. We hope you enjoy reading it!

Índice

Tezcatlipoca

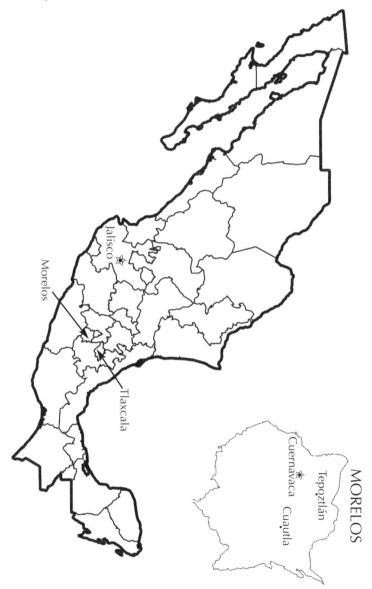

Places in the Story

Chamilpa - A neighborhood in the city of Cuernavaca

Cuatla - A small village in Tlaxcala, Mexico with a population of roughly 780 people

Cuautla - A city in Morelos, México with a population of over 150,000

Cuernavaca - The capital city of the state of Morelos in Mexico. Population of over 338,000

Guadalajara - The capital city of the state of Jalisco in Mexico. Population of 1.4 million

Morelos - A state located in South-Central Mexico

Teopanzolco - Aztec ruins in the city of Cuernavaca where the temple dedicated to *Tezcatlipoca* is located

Tezcatlipoca - Aztec god of the night, temptation, sorcery, witchcraft, beauty and war

Tepozteco - A small temple dedicated to *Tepoztecatl* in Tepoztlán, Mexico

Tepoztecatl - Aztec god of pulque and fertility

Tepoztlán - A town in the state of Morelos, Mexico, known as the birthplace of *Quetzalcoatl*. Population of approximately 14,000

Quetzalcoatl - Aztec feathered serpent god

Tlaxcala - A small state in central Mexico

Capítulo 1
Dolores

Sábado, 12 de marzo
21.30 (9:30 p. m.)
Cuernavaca, Morelos, México - La casa de los Peña

    Dolores Peña, de dieciséis años, se sentía fatigada y tenía náuseas. Ya había vomitado tres veces. Necesitaba tomar agua, pero no podía. No sabía lo que le estaba pasando ni lo que debía hacer. Esa noche, sus padres estaban en una fiesta con unos amigos. Dolores nunca se había sentido tan enferma y no sabía si debía llamar a sus padres o no.

Dolores entró a su dormitorio. Al entrar, olió humo, el mismo olor de humo que había olido hacía tres días. Ella había estado en su dormitorio cuando notó el olor a humo. Había llamado a su padre para informarle del olor, pero él no había olido nada. «No noto nada de humo, Dolores», le había respondido su padre desinteresado. Dolores no podía comprender por qué su padre no había olido humo. Ella se había enojado un poco porque era obvio que su padre realmente no la había tomado en serio.

Ahora, sola y sintiéndose fatal, notó el olor a humo otra vez. El humo llenaba el dormitorio y también los pulmones de Dolores. Por el humo, Dolores vio una cara blanca con una raya[1] amarilla pintada en la cara. «*¿Es un fantasma?*», se preguntó Dolores. «*¿O es una alucinación?*». Entonces, la visión la llenó de terror... «*¿Es un demonio?*», pensó ella temblando de miedo. Ella no sabía si era hombre o mujer pero realmente parecía un demonio, ¡un demonio terrible!

Dolores ya no quería ver la alucinación, pero no

---

[1]*raya - ray, stripe, line*

podía escaparse de ella. Cerró los ojos pero todavía veía al fantasma. Un cuerpo apareció debajo de la cara y se formó una figura completa. En el pecho del cuerpo había un espejo. *«Se parece a mi espejo»*, se dijo Dolores confundida.

Al decir esto, Dolores vio el humo. Venía del espejo que estaba en el pecho del fantasma. El humo continuó llenándole los pulmones… estaba sofocando a Dolores.

Dolores sintió un dolor tremendo en el pecho. El corazón le latía[2] rápidamente y sus pulmones ya no contenían suficiente oxígeno. Sintió el pecho como si le fuera a explotar.

[2]*latía - was beating*

Entonces, el fantasma fue hacia donde estaba Dolores. «Mamá», llamó Dolores en vano y cayó al piso. Sus brazos y sus piernas se torcieron[3] en posiciones imposibles para un ser humano y tenía los ojos completamente negros. A las 10:00 de la noche, su corazón latió por última vez. Sus ojos negros se cerraron y, en poco tiempo, sus brazos y piernas estaban rígidos.

[3]*se torcieron - they twisted*

Capítulo 2
Coincidencias

Martes, 22 de marzo

12.05 (12:05 p. m.)

Cuernavaca, Morelos, México - La comisaría[1]

[1]comisaría - police station

Adalberto Rodríguez estaba en la comisaría con los documentos del caso de Dolores Peña. Estudiaba la información y la evidencia de la casa de los Peña. Él tomaba café cuando sonó el teléfono.

– Rodríguez –contestó el detective.

– Detective Rodríguez... –dijo una voz seria–. Soy yo, Mateo Peña, ¿tiene nueva información?

El detective ya sabía quién llamaba. Durante toda la semana el padre de Dolores había estado inconsolable. La policía todavía no había encontrado ninguna evidencia de asesinato ni de suicidio; la muerte de su hija era un misterio. Su cuerpo estaba muy torcido, sus ojos estaban negros, y nadie tenía ninguna explicación. El médico forense nunca había visto una muerte así.

– Lo siento, señor Peña, intentamos identificar la causa de la muerte de su hija. El médico forense nunca ha visto una muerte así ni nosotros tampoco. Es un misterio… Estamos investigando y le llamaremos a usted cuando tengamos más información del caso –dijo Rodríguez.

Adalberto Rodríguez era el investigador principal de la muerte de Dolores Peña. El caso era tan extremo que

requería de varios investigadores y expertos. Había pasado más de una semana desde la muerte de Dolores Peña y ningún investigador había progresado con el caso. Rodríguez se sentía inútil. Buscaba una pista en los documentos cuando el teléfono sonó otra vez. Frustrado e irritado, el detective contestó:

– Rodríguez.

– Rodríguez, hubo una muerte en el pueblo de Chamilpa –le dijo el capitán de la policía–. Quiero que vayas a...

Rodríguez lo interrumpió abruptamente:

– Estoy muy ocupado con el caso Peña, no tengo tiempo.

– Rodríguez, tienes que investigar esta muerte. No es opcional. Quiero que vayas inmediatamente.

Irritado, el detective salió para Chamilpa. *«Chamilpa es un área muy mala con muchos traficantes de drogas y mucho crimen. Es probable que la muerte esté relacionada con drogas»*, pensó el detective. En ruta al pueblo, el detective no pensaba más en Chamilpa. Solo pensaba en la misteriosa muerte de Dolores Peña.

Unos minutos después, el detective llegó a Chamilpa para investigar la escena del crimen. Desinteresado e impaciente, entró en la casa. Vio el cuerpo de una chica adolescente. El detective observó el cuerpo. Tenía los ojos negros y sus brazos y piernas estaban… estaban torcidos en posiciones imposibles. El corazón del detective latía rápidamente. Esta escena era exactamente igual a la de Dolores Peña.

El detective estudió el cuerpo torcido y tenía náuseas. *«Los traficantes usan los cuerpos de sus víctimas para llamar la atención de sus rivales, pero ni siquiera[2] Los Zetas son capaces de esto».* Miró el cuerpo de la chica y pensó en sus hijas, Lidia y Marisol. No podía imaginar el dolor que sentían los padres de las víctimas.

[2]*ni siquiera - not even*

– ¿Hay testigos[3]? –le preguntó Rodríguez a un policía.

– Nadie. Nadie sabe lo qué pasó y no hay ningún testigo.

Rodríguez estaba preocupado. El corazón le latía rápidamente. No sabía qué había causado la muerte de Dolores Peña ni de la nueva víctima. En ninguna de las escenas había evidencia de un crimen, pero la posición de los cuerpos era casi la misma. *«Esta nueva víctima también tenía dieciséis años. ¿Había una relación entre las dos muertes? ¿Era posible que hubiera[4] un virus?»*, se preguntó Rodríguez preocupado.

La investigación se expandió. Policías y científicos forenses de otras partes comenzaron a colaborar en la investigación de las misteriosas muertes. Rodríguez buscaba pistas frenéticamente. *«¡Tengo que resolver el caso antes de que haya otra muerte!»*.

[3]*testigos - witnesses*
[4]*que hubiera - that there was*

Capítulo 3
Colaboración

Lunes, 28 de marzo

08.30 (8:30 a. m.)

Cuernavaca, Morelos, México - La comisaría

Pasó casi una semana y ningún investigador había encontrado ni una sola pista sobre la causa de la muerte de las dos chicas. Ya sabían que las chicas eran amigas, pero no habían encontrado ninguna evidencia de un virus ni de un homicidio. Las muertes eran misteriosas. Rodríguez sabía que debía haber alguna pista en una de las casas.

Estudiaba la información del caso cuando sonó su celular. Era Francisco Casanova, un periodista[1] de un periódico de Guadalajara. Casanova tenía reputación de ser un experto en actividades paranormales. Él había investigado varios casos que parecían tener características paranormales. Los casos de las chicas muertas le importaban mucho –no solo porque le interesaban los eventos paranormales, sino porque Liliana Vargas era su sobrina.

– Rodríguez –contestó el detective.

– Detective Rodríguez, habla Francisco Casanova de 'El informador'.

– ¿Sí? –respondió el detective un poco impaciente. Ya no tenía mucha paciencia para reporteros ni para expertos en casos paranormales.

– Detective Rodríguez, quiero hablar con usted

---

[1]*periodista - newspaper reporter*

sobre la muerte de Liliana Vargas.

– Ya hicimos una declaración[2]. En este momento, no tenemos más información y no tengo tiempo para hablar de ridículos eventos paranormales –le respondió Rodríguez, ahora muy impaciente.

– No quiero hablar sobre lo paranormal. Quiero hablar de la muerte de mi sobrina, Liliana Vargas.

Rodríguez se sintió mal por haberle hablado[3] así.

– Lo siento –le respondió Rodríguez–. No sabía que ella fuera su sobrina. Tristemente, no tenemos más información.

– No quiero información. Lo que quiero es colaboración. Yo ya he investigado la escena de la muerte de Liliana, pero la de Dolores Peña, no. Quiero comparar las dos escenas. También quiero hablar con los padres de Dolores.

– Entonces, ¿qué quiere de mí? –le preguntó el detective.

– Quiero que me acompañe a la casa de los Peña para investigar la escena de la muerte.

[2]*declaración - declaration, official statement*
[3]*por haberle hablado - for having spoken to him*

– Ya veo… porque usted no puede entrar sin un policía, ¿correcto? –le respondió Rodríguez.

– Sí… pero un nuevo par de ojos puede ser beneficioso[4]. Ya estoy familiarizado con el caso de Liliana Vargas y por eso puedo servirle en su investigación. Quiero hacer una investigación comparativa, así que también quiero que me acompañe a la casa de Liliana. Ya hablé con mi hermana. Nos dio permiso de entrar juntos para investigar.

Rodríguez ya no tenía muchas opciones para resolver los casos y decidió acompañar al periodista.

[4]beneficioso - beneficial, useful, helpful

Capítulo 4
La caja

Lunes, 28 de marzo

10.30 (10:30 a. m.)

Cuernavaca, Morelos, México - La casa de los Peña

A las 10:30 a. m., Rodríguez y Casanova fueron a la casa de Dolores Peña. Cuando llegaron, Concepción Peña, la madre de Dolores, estaba en casa. Ella parecía distraída. Casanova le preguntó si ocurrió algo diferente o algo extraño antes de la muerte de su hija. La mujer le respondió que no había notado nada, pero era obvio que realmente no pensó mucho en la pregunta. El periodista le repitió la pregunta, buscando detalles críticos.

– Señora, piense. Durante las horas antes de la muerte, ¿no vio nada extraño, nada inusual?

– Lo siento –le respondió la madre con voz triste–. Desde la muerte de mi hija, me es difícil concentrarme.

– Me lo imagino… Lo siento –le dijo Casanova.

La madre de Dolores se concentró en todos los detalles de la noche de la tragedia. Mientras ella pensaba, los hombres buscaron alguna pista en el dormitorio de Dolores. Buscaron evidencia durante una hora. No encontraron ninguna pista y, frustrados, salieron hacia la casa de Liliana Vargas.

Los dos hombres llamaron a la puerta de la casa Vargas. La madre de la víctima abrió la puerta.

– Hola, hermano… detective –les dijo la mujer tristemente.

– Buenas tardes, hermana –le respondió Casanova.

Rodríguez y Casanova entraron a la casa. Hubo un momento de silencio. La madre, que estaba llena de tristeza y de un tremendo dolor, no tenía la energía para hablar, y Rodríguez y Casanova no sabían qué decir. Por fin, Casanova habló.

– ¿Cómo estás, hermana? Estoy preocupado por ti.

Su hermana no le contestó inmediatamente. Lo miró con ojos tristes y pensó en su hija muerta. Por fin, le dijo a su hermano:

– Sabes, hermano… Liliana quería ser periodista, como tú.

– Lo siento –le respondió Casanova, mientras le temblaba la voz.

La situación era trágica y ya no había nada más que decir. Rodríguez y Casanova entraron al dormitorio de Liliana para comenzar su investigación comparativa. Todo parecía normal, igual que la escena de la muerte de Dolores. Comenzaron a buscar evidencia. Casi inmediatamente, Casanova vio una caja en el clóset.

Curioso, Casanova abrió la caja para inspeccionar el contenido. Inspeccionaba las cosas cuando vio algo interesante. Era un espejo.

El periodista agarró el espejo y lo inspeccionó. Era antiguo y muy interesante. Mientras inspeccionaba el espejo, vio su reflejo, aunque un poco torcido. Casanova estaba muy concentrado en el espejo y casi no notó el olor… el olor a humo. Poco después, el humo le llamó la atención.

– Detective, ¿huele humo? –le preguntó Casanova.

– Aa… no. No huelo nada –le contestó Rodríguez.

Rodríguez no había olido nada y pensó que el olor estaba en la imaginación del periodista. El detective observó que Casanova tenía un espejo, un espejo antiguo.

– ¿Dónde encontraste el espejo? –le preguntó curioso.

– Estaba en una caja en el clóset. Es un poco extraño… Busqué en el dormitorio tres veces la semana pasada y la caja no estaba en el clóset.

Casanova le dio el espejo al detective. Rodríguez lo inspeccionó. Vio el envés[1] del espejo y notó un diseño interesante.

– Mire el envés. Tiene un diseño interesante. Me parece que es azteca o maya.

Rodríguez pensó en su esposa. Ella era estudiante de antropología en la Universidad Autónoma. A ella le gustaban los artefactos antiguos. Le gustaría ese espejo antiguo.

Los hombres llamaron a la señora Vargas y le preguntaron sobre la caja y su contenido.

– Hermana, ¿de dónde vino esta caja? –le preguntó el periodista–. No estaba en el clóset la semana pasada.

–Vino de la familia de Dolores Peña.

– ¡¿Dolores Peña?! –exclamó el detective irritado.

[1]envés - back side

21

Rodríguez se enojó un poco. Él había estado investigando los casos por dos semanas y ¡¿nadie había pensado en mencionar la caja de Dolores Peña?! Rodríguez se calmó y continuó:

– Señora, siento mucho su dolor. Me imagino que la muerte de una hija es… es difícil. Intentamos resolver la muerte de Liliana y, como no tenemos mucha información ni ninguna evidencia, es importante que estemos informados de todo lo que pueda estar relacionado con los casos. Buscamos pistas, aunque sean insignificantes.

La caja realmente no era insignificante; al contrario, era posible que fuera exactamente la evidencia que necesitaban para resolver el caso. La madre de Liliana los miró con tristeza y les explicó de dónde venía la caja.

– Unos pocos días antes de su muerte, Liliana recibió una caja de la familia de Dolores Peña. La caja tenía algunas cosas de su hija. Liliana era la mejor amiga de Dolores. Los padres de Dolores querían que mi hija tuviera algunas de sus cosas favoritas.

Otra vez, Rodríguez se enojó. Nadie había pensado en mencionar la caja de Dolores Peña ni que las dos chicas no solo eran amigas, ¡sino que eran mejores amigas! ¡Que eran amigas íntimas!

> – ¿Liliana y Dolores eran mejores amigas? –le preguntó Rodríguez sorprendido.

> – Sí –le respondió Casanova, igualmente sorprendido–. Pensé que ya lo sabía.

> – No, no lo sabía –respondió el detective irritado.

Con voz triste, la madre de Liliana explicó:

> – Justo ayer, juntamos las cosas de Dolores para devolvérselas[2] a sus padres.

Con sospecha[3] Rodríguez miró a la madre de Liliana y pensó: «¿*Cuántos secretos más tienen estas familias?*».

[2]*devolvérselas - return them to them*
[3]*con sospecha - with suspicion*

Capítulo 5
Secretos

Lunes, 28 de marzo

12.30 (12:30 p. m.)

Cuernavaca, Morelos, México - La casa de los Peña

Rodríguez y Casanova salieron de la casa de los Vargas llevando con ellos la caja de Dolores Peña. Ahora era evidencia. Decidieron regresar a la casa de Dolores Peña. Esta vez, el padre de la chica muerta abrió la puerta.

– Buenas tardes, detective.

– Buenas tardes, señor Peña. Le presento a Francisco Casanova. Tenemos algunas preguntas. ¿Podríamos entrar?

– Sí, pasen –le respondió Mateo Peña. Parecía estresado y triste.

– Venimos de la casa Vargas donde encontramos una caja con algunas cosas de Dolores.

– ¿Sí?...

– Solo es que… es un poco extraño que nadie había mencionado la caja –le dijo el detective con un tono serio–. ¿Por qué no mencionó la caja, señor Peña? –le preguntó Rodríguez con sospecha.

– Se la mencioné a un detective pocos días después de la muerte de mi hija. Me dio permiso para llevar algunas cosas de Dolores a la casa de su mejor amiga.

Rodríguez estaba irritado. Si el detective le dio permiso de llevar las cosas, ¿por qué no lo anotó en los documentos del caso? ¿Y por qué lo permitió? Las cosas que estaban en la caja podrían haber tenido[1] pistas o evidencia sobre la causa de la muerte.

— Señor, usted tuvo contacto con el contenido de la caja, ¿correcto?

— Sí… ¿por qué?

— Porque es posible que algo en la caja esté contaminado con algún germen o con un virus. ¿Usted se siente bien, se siente normal?

— Es imposible sentirse bien después de la muerte de una hija…

— Sí, señor. Siento mucho su dolor, pero es importante. ¿Usted se siente enfermo físicamente?

— No –le respondió el señor Peña, su dolor y tristeza eran muy obvios–. No me siento enfermo.

En ese momento sonó el celular de Rodríguez. Era el capitán.

— Rodríguez –contestó el detective.

— Rodríguez, ¿dónde estás?

— En la casa Peña. ¿Qué pasa?

[1] *podrían haber tenido - they could have had*

– Por fin llegó el reporte comparativo de las autopsias. El reporte reveló que había mucho
humo en los pulmones de Dolores Peña y también en los de Liliana Vargas. O las chicas fumaban… ¡mucho!... o las dos murieron
intoxicadas[2] por inhalación de humo.

[2]*intoxicadas - poisoned*

Rodríguez le preguntó al padre de Dolores si su hija fumaba. Él le dijo que su hija nunca había fumado, y que Liliana tampoco. Eran chicas inocentes. No fumaban ni cigarrillos ni nada ilegal.

– No es lógico, señor Peña. O las chicas fumaban mucho o murieron intoxicadas por inhalación de humo. ¿Había humo en la casa la noche de su muerte?

– No, no olimos humo la noche de su muerte, pero hay algo extraño… Pocos días antes de su muerte, Dolores nos dijo que su dormitorio olía a humo. Su madre y yo no olimos nada, pero Dolores estaba convencida de que había un olor a humo.

El padre de Dolores miró hacia abajo e hizo una pausa. Ya casi no podía hablar de la muerte de su hija. Sin levantar los ojos continuó:

– Dolores había mencionado que sintió un dolor en el pecho. Pensábamos que era el resultado de hacer tanto ejercicio… –triste, el padre, no pudo continuar.

En ese momento, Casanova tuvo una sensación extraña, una sensación de déjà vu. El corazón le latía rápidamente.

– Eso es muy extraño –le dijo el periodista un poco nervioso–. Hoy, en la casa Vargas, olí humo en el dormitorio de Liliana.

– Sí, pero yo no olí nada –le respondió el detective firmemente.

El detective Rodríguez realmente no lo tomó en serio. Era común sentir paranoia durante una investigación y era obvio que el caso le había afectado mucho a Casanova.

Capítulo 6
El espejo

Lunes, 28 de marzo

20.00 (8:00 p. m.)

Cuernavaca, Morelos, México - La comisaría

A las 7:00 de la noche, Rodríguez llamó a su esposa para informarle que iba a llegar tarde a su casa. No había llegado a su casa antes de las 11:00 de la noche desde la muerte de Dolores Peña.

> – ¡Ay! ¿Otra vez? –exclamó enojada la esposa del detective–. ¿Cuándo vas a ver a tu familia? Me parece que las dos chicas muertas te importan más que tus propias[1] hijas.

> – Lo siento, querida. Tengo nueva evidencia y es urgente que la investigue.

Rodríguez se sentía mal. Su familia le importaba mucho, pero era urgente que resolviera el caso antes de que hubiera otra muerte. Comenzó a inspeccionar el contenido de la caja. Estaba un poco nervioso. ¿Era posible que algo en la caja hubiera causado las muertes de las chicas?

El detective tomó precauciones. Llevaba guantes[2] y una máscara protectora mientras inspeccionaba las cosas. Agarró el espejo y lo inspeccionó. Parecía antiguo, tenía un diseño interesante y estaba decorado con jade. Rodríguez pensó en su esposa. A ella le gustaban las antigüedades. *«Le gustaría este espejo»*, pensó. Agarró su celular y le sacó una foto.

[1]*propias - own*
[2]*guantes - gloves*

Mira, querida. El espejo es muy interesante, ¿no? ¿Qué piensas, es azteca o maya?

¡Uau! Es azteca. Parece que hay un dios en el envés. ¿Dónde lo viste?

En la casa de una de las víctimas.

¡Interesante! Parece ser muy antiguo.

Rodríguez miró su reflejo en el espejo. Estaba un poco torcido. Sacó una foto de su reflejo.

¿Te gusta?

Ja ja ja… Me gusta más tu reflejo que tu cara. ¿Por qué se ve humo en la foto? ¿Estás fumando de nuevo? :(

«¿Humo?», pensó Rodríguez sorprendido. Miró su foto y vio un poco de humo. Olió el aire y notó el olor a humo de cigarrillo, pero eso no era nada inusual. Los policías fumaban mucho.

Yo, no. Los otros policías… tú sabes.

Rodríguez continuó inspeccionando el contenido de la caja y, a la medianoche[3], regresó a su casa.

En la mañana, Rodríguez habló con sus hijas y con su esposa por unos minutos.

— Papi —le dijo su hija con voz triste—. ¿Me prometes que vas a acompañarme al museo el jueves?

— ¿El jueves? —le respondió el detective sorprendido.

Su esposa lo miró con enojo.

— Sí, ha estado en el calendario durante más de dos semanas —le respondió su esposa impaciente—. Tú sabes que tengo clases el jueves.

Él notó el enojo de su esposa y le prometió a su hija:

— Sí, hija. El jueves, voy contigo.

Entonces, el detective salió para la oficina.

[3]*medianoche - midnight*

Capítulo 7
El análisis

Martes, 29 de marzo

08.00 (8:00 a. m.)

Cuernavaca, Morelos, México - La comisaría

Al llegar a la oficina, Rodríguez fue en busca de café. No tenía energía y se sentía un poco mal. *«Necesito más café»*, pensó el detective. Regresó con un café grande y comenzó a estudiar los reportes de las autopsias. Hizo una lista de comparaciones entre los dos casos. Todo parecía igual en los dos reportes. Las dos chicas tenían mucho humo en los pulmones. No había evidencia de un crimen. Solo había una cosa en común con los dos casos: la caja de evidencia.

A las 8:30 de la mañana, los expertos del forense llegaron para llevarse la caja y su contenido al laboratorio.

– ¿Cuánto tiempo necesitan para hacer el análisis?

– Unos cuantos días –respondió el científico y salió con la caja.

Rodríguez continuó inspeccionando todos los reportes. Hizo varias llamadas al Centro de Control de Enfermedades y a un especialista en prevención de epidemias. Estaba a punto de hacer otra llamada cuando recibió un mensaje de texto de su esposa:

Mi profesor de Civilización y cultura azteca miró las fotos del espejo. Le interesaron mucho. Quiere ver el espejo. ¿Puedes llevárselo a la universidad?

Ya se lo llevaron al laboratorio forense. Llamaré al laboratorio para ver si pueden analizar el espejo antes que el resto de la evidencia.

Rodríguez llamó al laboratorio y habló con el director. El director le informó que ya habían comenzado el análisis del espejo.

– Ya estamos analizando el espejo –le dijo el director del laboratorio–. El análisis estará completo mañana.

– ¡Perfecto! –respondió el detective–. ¿A qué hora mañana?

– En la tarde… debe completarse aproximadamente a las 2:00.

– Gracias. Nos vemos mañana entonces.

Rodríguez le dio la información a su esposa.

> El análisis estará completo mañana, a las 2:00 p. m. Lo llevaré a la universidad después.

> ¡Excelente! Gracias. Llévalo al centro de humanidades, a la oficina del profesor Jesús Alejandro Vera Jiménez.

Rodríguez sabía que llevar el espejo a la universidad era importante para su esposa. Ella quería ser parte del departamento de antropología, así que continuamente buscaba oportunidades para impresionar a sus profesores.

El detective pasó el resto de la tarde investigando las misteriosas muertes. Se sentía fatigado y, a las 6:00 de la tarde, decidió regresar a su casa. Pasó el resto de la noche en su casa con su familia. Aunque no se sentía muy bien, él estaba contento de estar en casa con ellos.

Capítulo 8
Un artefacto azteca

Miércoles, 30 de marzo

14.00 (2:00 p. m.)

Cuernavaca, Morelos, México - Universidad Autónoma

A las 2:00 de la tarde, el detective salió de la comisaría y fue al laboratorio forense por el espejo. A las 2:30 llegó a la universidad y llevó el espejo a la oficina del profesor Vera. El detective entró a la oficina y le dio el espejo al profesor.

– Gracias por permitirme ver el espejo –le dijo el profesor.

– No hay problema.

El profesor tomó el espejo, que estaba en una bolsa[1] de plástico.

– ¿Puedo sacarlo de la bolsa?

– Si lo saca, le recomiendo que tome precauciones… que use guantes y una máscara protectora. Es posible que el espejo tenga algo que ver con la muerte de dos chicas.

– Hábleme sobre las muertes –le dijo el profesor con tono serio.

El detective le explicó los casos de las muertes extrañas. Después de explicarle todo, el profesor parecía agitado. Miró el espejo que todavía estaba en la bolsa de plástico. Inspeccionó el envés, pero no pudo verlo bien. Así que lo sacó de la bolsa ¡sin guantes y sin una máscara

[1]*bolsa - bag*

protectora! El detective tenía miedo. No quería que otra persona muriera a causa del espejo y no quería ser el responsable de la muerte del profesor.

– No, profesor. Es posible que el espejo tenga un virus o un germen fatal –exclamó el detective nervioso.

El profesor ignoró al detective y continuó inspeccionando el espejo. Lo inspeccionó por unos minutos y

agarró una lupa². Lo comenzó a inspeccionar con la lupa. Estaba muy concentrado en el espejo... casi hipnotizado. El corazón le latía rápidamente, y el profesor murmuraba mientras lo inspeccionaba:

– Me parece un artefacto azteca. Reconozco unos pocos símbolos náhuatl. Este símbolo definitivamente representa a Tezcatlipoca, el dios de la noche, la tentación, la brujería, la belleza y la guerra³... ¡Jooooo...! –exclamó el profesor visiblemente agitado.

– ¿Qué pasa? –le preguntó el detective alarmado.

– No soy experto en la lengua náhuatl, pero sospecho que este espejo está maldito⁴. Le recomiendo que lleve el espejo al pueblo de Cuatla. En Cuatla, hay muchos descendientes de los aztecas que todavía hablan náhuatl. Ellos podrán confirmar mis sospechas.

²*lupa - magnifying glass*

³*la tentación, la brujería, la belleza y la guerra - temptation, witchcraft, beauty and war*

⁴*maldito - cursed*

El profesor le dio un papelito al detective.

– Tome mi número de teléfono en caso de que usted o el cura tengan preguntas. Oh... una cosa más… no mire su reflejo.

–¿Por qué? –le preguntó el detective confundido.

– Solo es una precaución… en caso de que el espejo realmente esté maldito.

Capítulo 9
El cura

Miércoles, 30 de marzo

18.30 (6:30 p. m.)

Cuatla, Tlaxcala, México - La casa de Casanova

Casanova estaba en casa cuando su celular sonó. Él no quería contestar. No se sentía bien y no quería hablar por teléfono. Pero cuando vio que era el detective quien lo estaba llamando, contestó:

– Bueno.

– Casanova –dijo el detective un poco sorprendido. La voz del reportero le parecía un poco extraña–. ¿Estás bien? Me pareces… un poco fatigado.

– No me siento bien. He estado enfermo por dos días.

El detective estaba un poco alarmado. No sabía cómo responder. Pensaba en la cronología de los eventos. Dolores Peña murió. Su familia le dio una caja de sus cosas a Liliana Vargas. Pocos días después, ella también había muerto. Hacía dos días, Casanova había encontrado el espejo y ahora él también estaba enfermo.

– Vas a pensar que estoy loco –dijo Casanova con voz seria–, pero estoy convencido de que mi enfermedad tiene que ver con una situación paranormal.

–Todo es posible… –le respondió el detective.

El reportero estaba sorprendido. ¿Estaba el detective

admitiendo que era posible que las muertes –y ahora su enfermedad– tuvieran que ver con actividad paranormal?

– ¿Encontraste evidencia nueva? –le preguntó el reportero agitado.

– No, todavía no –le respondió el detective–. El laboratorio forense hizo varios análisis del contenido de la caja. Ya analizaron el espejo y van a darme un informe de toxicología en uno o dos días.

– ¿Es todo? –le preguntó el reportero con sospecha.

– Ah… sí… hablé con un profesor de antropología sobre el espejo. Él me recomendó que llevara el espejo a Cuatla.

– ¿Por qué? –le preguntó el reportero curioso.

– Hay muchos descendientes de los aztecas en Cuatla. Todavía hablan náhuatl. El profesor recomienda que una persona azteca interprete los símbolos –dijo el detective y, nervioso, hizo una pausa antes de continuar–. El profesor me hizo pensar que es posible que las muertes tengan algo que ver con… con…

– ¡¿Con qué?! –exclamó el reportero impaciente.

– Con una maldición. Es por eso que voy a ir a Cuatla.

– Voy contigo –le dijo el reportero con voz firme.

– Voy de inmediato. Paso por ti en unos minutos.

Quince minutos más tarde, el reportero y el detective iban hacia Cuatla.

– Esta no es la ruta a Cuautla –le dijo el reportero al detective, confundido.

– No vamos a Cuautla, sino a Cuatla, un pueblito a unas tres horas al noreste de Cuernavaca.

Los dos hombres continuaron en silencio. El reportero se sentía enfermo y no quería hablar. El detective tampoco se sentía bien. Se preguntó: *«¿Es mi imaginación o realmente estoy enfermo?»*. Los hombres pasaron rápidamente por el estado de Tlaxcala y, a las 6:25 de la tarde, llegaron al pueblo de Cuatla. Era un pueblo indígena tradicional. Pasaron por la plaza central y vieron a dos mujeres indígenas.

– Buenas tardes, señoras –les dijo el detective–. ¿Nos podrían decir dónde podemos encontrar al cura del pueblo?

Una de las mujeres respondió en náhuatl. Ni el detective ni el reportero comprendieron lo que dijo. Ella llamó a un chico –también indígena– y le habló en náhuatl. El chico fue a hablar con el detective.

> – Hola –le dijo el detective al chico–. ¿Dónde podemos encontrar al cura del pueblo?

> – Vive en la casa amarilla en la esquina[1] de la Calle Tlaxcala y la Avenida Yaque.

[1]esquina - corner

– Gracias –le dijo el detective e inmediatamente se fueron en esa dirección.

Los hombres llegaron a la casa del cura y rápidamente, se bajaron del carro. Llamaron a la puerta: «Toc, toc, toc... toc, toc, toc».

– Me parece que no está en casa –comentó el reportero impacientemente.

– Es posible que el chico no nos haya dado la dirección correcta.

Estaban a punto de irse cuando el cura abrió la puerta. Era un hombre bajo con un acento muy extraño. Su forma de hablar español era casi incomprensible.

– Venimos para hablarle sobre este espejo –le dijo el detective dándole el espejo.

El cura miró el espejo y agitado, exclamó:

49

– ¿Dónde encontraron este espejo?

– En la casa de una chica… una chica muerta –
le respondió el detective.

A los hombres les parecía que el cura tenía miedo
del espejo. No quería mirarlo.

– ¿Usted tiene miedo del espejo? –le preguntó
Casanova con un tono preocupado.

– No le tengo miedo exactamente –respondió el
cura con voz seria–. Lo que tengo es un
enorme respeto. Me parece que este espejo es
del templo de Tezcatlipoca, el dios de la
noche, la tentación, la brujería, la belleza y la
guerra. Poseer este espejo puede tener consecuencias graves… o fatales.

Capítulo 10
Tezcatlipoca

Miércoles, 30 de marzo
19.00 (7:00 p. m.)
Cuatla, Tlaxcala, México - La casa del cura

Casanova y el detective Rodríguez hablaron con el cura. Era obvio que estaban alarmados. El detective le explicó los casos de las muertes extrañas y su conversación con el profesor. Casanova también le explicó lo que había pasado cuando vio su reflejo en el espejo.

– Usted no se ve bien –le dijo el cura mirando a Casanova–. ¿Se siente bien?

– No, no me siento bien. Tengo un dolor extraño en el pecho.

El cura lo miró con sospecha y comenzó a explicarles la historia del espejo.

– En la mitología azteca, hay un dios que se llama Tezcatlipoca. Tezcatlipoca es el dios de la noche, la tentación, la brujería, la belleza y la guerra. Tiene la cara blanca con una raya amarilla pintada. A veces, en algunas de sus imágenes, tiene un espejo en el pecho. Hay humo que sale de ese espejo y, por eso, también se le llama *El espejo humeante*.

El cura hizo una pausa y miró al reportero. Entonces, continuó hablando:

– Tezcatlipoca lo ve todo y lo sabe todo. Es el más grande de todos los dioses. Mata a sus enemigos. También mata a todos los que cometen crímenes. Me parece que el espejo está maldito y que él es el responsable de la muerte de las chicas.

– No comprendo –le respondió el reportero confundido–. Mi sobrina no cometió ningún crimen. ¿Por qué la iba a matar?

– Tezcatlipoca hizo varias maldiciones. La mayoría tenían que ver con humo y con… muerte. Es probable que sea la causa de la muerte de las chicas y…

El cura hizo otra pausa. Miró al reportero y le dijo con voz seria:

– Y es posible que también vaya a ser la causa de su muerte. Usted me dijo que vio su reflejo en el espejo e inmediatamente olió humo. ¿Es correcto?

– Sí.

– El origen del espejo es de la época de la conquista. Los conquistadores españoles fueron los responsables de una masacre en ese pueblo. En solo tres días, los conquistadores mataron a la mayoría de los aztecas de Cuatla. También les robaron la mayoría de sus artefactos, incluyendo este espejo. La gente que mira su reflejo en este espejo, muere en tres días porque los conquistadores continuaron con la masacre por tres días. Los conquistadores no solo mataron a los aztecas. Tampoco demostraron respeto. Posicionaron sus cuerpos en posiciones torcidas.

– Entonces, mañana... ¿ voy a morir? –dijo el reportero temblando.

– Y yo también –respondió Rodríguez sin emoción.

El reportero se sorprendió. El corazón le latía rápidamente. Miró a Rodríguez y exclamó:

– ¡¿Tú también viste tu reflejo en el espejo?!

– No entren en pánico. Hay una solución: la restitución –les dijo el cura.

– ¿La restitución? –dijo el detective confundido.

– Sí. Devolver el espejo terminará con la maldición. Necesitan devolver el espejo al templo de Tezcatlipoca en Tepoztlán. No tienen mucho tiempo. ¡Váyanse ya!

Capítulo 11
Restitución

Miércoles, 30 de marzo
20.00 (8:00 p. m.)
Tepoztlán, Morelos, México

A las 8:00 de la noche, el detective y el reportero salieron de la casa del cura. Salieron hacia Tepoztlán. Los dos estaban estresados. El detective llamó a su esposa para decirle que iba a regresar a casa muy tarde.

– ¿Estás bien? –le preguntó su esposa con sospecha. Ella notó el estrés en la voz de su esposo.

– Sí. No pasa nada. No te preocupes.

El detective no se sentía bien, pero no quería admitirles ni a su esposa ni al reportero que en ese momento realmente se sentía fatal. El detective no quería ir a Tepoztlán, pero la visita no era opcional. Su vida y la vida del reportero dependían de hacer la restitución al dios Tezcatlipoca.

Los dos hombres continuaron hacia Tepoztlán en silencio. Estaban muy nerviosos. El reportero no podía hablar. Su condición se estaba deteriorando. Sentía un

dolor constante en el pecho. Se preguntó: : «*¿Vamos a sentirnos bien inmediatamente después de hacer la restitución? ¿Devolver el espejo realmente va a terminar con la maldición?*».

Los hombres pasaron rápidamente por el estado de Morelos y a las 10:30 de la noche, llegaron al pueblo de Tepoztlán. Pasaron por el pueblo y vieron a un grupo de hombres.

– ¿Dónde está el templo de Tezcatlipoca? –les preguntó el detective impacientemente.

Uno de los hombres parecía estar confundido e hizo una pausa. Entonces, le respondió:

– El Tepozteco está a 3 millas de Tepoztlán.

El detective salió rápidamente. En poco tiempo, llegaron a las ruinas. «¡Ay, no!», exclamó el detective cuando vio la pirámide en la cima de la montaña.

El detective agarró el espejo y se bajó del carro. Estresado, abrió la puerta del carro y le agarró el brazo al reportero.

– ¡Vamos! –le dijo el detective con voz urgente. Realmente no estaba consciente de la gravedad de su condición.

«¿Cómo voy a subir al templo?», pensó el reportero desesperado. Entonces, le preguntó al detective:

– ¿Es necesario que yo esté presente para la restitución?

– Me imagino que sí. Yo te ayudo –le respondió Rodríguez preocupado. Él tampoco se sentía bien. ¿Cómo iba a poder ayudar a Casanova a subir?

Poco a poco, los hombres subían por la montaña. Casanova sufría mucho. El dolor en el pecho era casi intolerable. El corazón le latía rápidamente y sus pulmones ya no contenían suficiente oxígeno. Sentía el pecho como si le fuera a explotar.

Rodríguez ayudaba al reportero a subir, pero él también estaba enfermo. Él también sentía dolor en el pecho. Después de una hora, los dos hombres, completamente exhaustos, llegaron al templo. Entraron al templo. El detective levantó el espejo en el aire y se lo ofreció a Tezcatlipoca:

> – Le devolvemos el espejo. Perdone la ofensa de haberlo robado[1].

Los dos hombres salieron del templo en silencio. ¡Estaban fatigados! Poco a poco, bajaron por la montaña. El detective estaba preocupado. ¿Por qué todavía se sentía enfermo? ¿Y por qué Casanova parecía más enfermo que nunca? *«¿Por qué todavía nos sentimos enfermos?»*, pensó Rodríguez. *«¿Es posible que Tezcatlipoca no haya aceptado la restitución?»*.

---

[1] *de haberlo robado - of having stolen (robbed) it*

Capítulo 12
Tiempo perdido

Jueves, 31 de marzo
0.30 (12:30 a. m.)
Tepoztlán, Morelos, México

– Tenemos problemas –dijo Rodríguez con pánico–. O Tezcatlipoca no aceptó la restitución o el cura no estaba en lo correcto.

Casanova no podía responder. Su respiración era muy rápida y ahora estaba vomitando. El detective quería llevar a Casanova al hospital y le dijo con voz preocupada.

– Necesitas ir al hospital.

– Sabes que los doctores no me pueden ayudar.

Exhausto, el detective vio la hora.

– ¡Uf! Son las 12:30 a. m. –murmuró.

Sacó el papelito que le había dado el profesor y, desesperadamente, decidió llamarlo. «Drin… drin… drin». El profesor no contestó. Frustrado, el detective lo llamó varias veces. «Drin… drin… drin». «Drin… drin… drin».

– Contesta, por favor –murmuró el detective frustrado –. Vamos a buscar al cura del pueblo –dijo el detective.

Los dos hombres se subieron al carro y estaban a punto de irse cuando el celular de Rodríguez sonó.

– ¿Bueno? –contestó el detective con voz tensa.

– ¿Detective? –respondió el profesor sorprendido–. ¿Fue usted quien me estaba llamando?

– Sí, lo siento –le dijo Rodríguez–. Tenemos problemas. Fuimos a Cuatla y hablamos con el cura del pueblo. Nos dijo que fuéramos al templo de Tezcatlipoca para devolver el espejo. Llevamos el espejo al templo en Tepoztlán pero la maldición continúa. El reportero está a punto de morir y yo también estoy enfermo.

– ¿Dónde están?

– En Tepoztlán.

– ¿En Tepoztlán!? Eso es extraño –dijo el profesor confundido–. El templo en Tepoztlán es el templo de Tepoztecatl, el dios del pulque[1] y de la fertilidad.

– ¡¿Qué?! –exclamó Rodríguez desesperado–. ¿Qué hacemos? ¡Casanova se está muriendo!

Ahora Casanova estaba muy, muy enfermo. Realmente se estaba muriendo.

– Si el cura les dijo que necesitan hacer la restitución a Tezcatlipoca, tienen que ir a Teopanzolco, al templo de Tezcatlipoca.

[1]*pulque - an alcoholic drink made from agave*

– ¡¿A Teopanzolco?! –exclamó el detective con
voz de pánico. Miró la pirámide en la cima de
la montaña y miró a Casanova–. No tengo
tiempo para hablar más. Gracias, profesor.

Rodríguez abandonó a Casanova y se fue rápidamente para subir otra vez a la montaña. ¡No tenía mucho
tiempo! La vida de Casanova dependía de la restitución
a Tezcatlipoca. Rodríguez se sentía muy fatigado. El corazón le latía rápidamente, pero el detective continuó subiendo hacia el templo. Después de una hora, llegó al
templo y agarró el espejo.

Exhausto, Rodríguez bajó de la montaña y, al llegar al carro, estuvo en estado de shock. ¡Olía humo! Se subió al carro y miró a Casanova. Sabía que él no tenía mucho tiempo. El detective usó el GPS para encontrar la ruta a Teopanzolco y se fue rápidamente hacia el pueblo.

Capítulo 13
Perdidos

Jueves, 31 de marzo
02.00 (2:00 a. m.)
En ruta a Teopanzolco, Morelos, México

Los dos hombres enfermos iban hacia Teopanzolco. Casanova casi no podía hablar. Parecía que se estaba sofocando y estaba sufriendo mucho por el dolor en el pecho. Rodríguez también se sentía más enfermo.

Rodríguez miró el GPS de su celular. *«¿Dónde estamos?»*, se preguntó. No quería alarmar a Casanova, así que no le dijo nada sobre la nueva situación: ¡Estaban completamente perdidos! *«¿El GPS funciona?»*, se preguntó Rodríguez. ¡Tenía miedo! No solo tenía miedo por el reportero… *«Mi vida también depende de la restitución del espejo»*, pensó el detective.

Después de dos horas, Casanova por fin habló con voz casi inaudible:

– Estamos perdidos, ¿no?

Rodríguez no quería admitir que sí, que estaban perdidos y no le respondió. El carro iba muy rápido. Miró el GPS y, de repente, perdió control del vehículo. Hubo un «¡PUM! ¡PUM! ¡PUM!» y entonces… hubo completo silencio. El carro se llenó de humo, pero Casanova y Rodríguez no lo notaron.

Jueves, 31 de marzo

05.00 (5:00 a. m.)

Cuernavaca, Morelos, México - la casa del detective

La esposa del detective estaba preocupada. Su esposo había llegado tarde muchas veces, pero nunca había pasado toda la noche investigando un caso sin avisarle[1]. Ella miró su celular para ver si su esposo la había llamado. No había recibido ni una llamada ni un

[1]*sin avisarle - without notifying (advising) her*

mensaje de texto. Ella llamó al celular de su esposo varias veces, pero su esposo no le contestó.

Ella pensó en la conversación que habían tenido hacía pocas horas. Su esposo parecía fatigado y hablaba con voz extraña. Ella no sabía dónde buscarlo… en la comisaría, en el hospital o en la morgue. Decidió comenzar con la comisaría. Llamó a la oficina y al celular del capitán, pero nadie le contestó. Entonces, llamó a tres hospitales diferentes, pero nadie tenía información sobre su esposo.

Durante una hora, ella se preocupó y llamó a varias personas buscando a su esposo. A las 6:00 de la mañana, el capitán por fin contestó el teléfono. Él tampoco tenía idea de dónde estaba su esposo. El capitán también estaba preocupado.

– No te preocupes. Vamos a encontrarlo –le dijo el capitán con voz gentil.

– Es cuestión de vida o muerte –le respondió la esposa, preocupada.

A las 7:30, las hijas del detective entraron al dormitorio de sus padres. Lidia vio a su madre y le preguntó dónde estaba su padre.

– Mamá, ¿dónde está papá?

Su madre no quería decirles que su padre estaba perdido, así que les dijo que estaba en la comisaría.

– ¿Él no va a ir al museo conmigo? –exclamó su hija con voz triste.

– Sí… no… aaa… –su madre respondió con voz temblorosa.

Marisol notó que su madre estaba preocupada y le preguntó:

– Mamá, papá está bien, ¿no?

Su madre no contestó la pregunta. Solo les dijo:

– Ya es hora de irnos. Vámonos.

Capítulo 14
Revelaciones

Jueves, 31 de marzo
08.00 (8:00 a. m.)
Cuernavaca, Morelos, México - Universidad Autónoma

Después de llevar a sus hijas al Centro Educativo de Cuernavaca, la esposa del detective fue a la universidad. Decidió que no iba a ir a clases. Solo quería darle el proyecto semestral al profesor de Civilización y cultura azteca. Llegó a la oficina del Profesor Vera Jiménez y vio una nota del profesor en la puerta: jueves, 31 de marzo: «Todas las clases están canceladas». *«Es extraño»*, pensó ella. El profesor nunca antes había cancelado sus clases.

Ella regresó a casa y decidió investigar los registros[1] de su servicio celular. Entró en el internet para ver si su esposo había usado su celular durante la noche. Buscó en las páginas web y, después de pocos minutos, encontró la página de registros. Vio que su esposo hizo una llamada el miércoles a las 8:00 de la noche. También vio

[1]*registros - records*

que el jueves a las 12:30 hizo varias llamadas a un solo número y que a las 12:35 había recibido una llamada del mismo número. También vio que entre la 1:00 y las 5:00 de la mañana había más de 30 llamadas perdidas del mismo número. «*¿De quién es ese número?*», se preguntó ella confundida.

Ella inmediatamente llamó a ese número. Una voz familiar contestó: «Ha llamado al profesor Vera. En este momento no puedo contestarle, pero le devolveré su llamada lo más rápido posible».

– ¡¿Profe Vera?! –exclamó ella– ¿Por qué llamó al profesor? ¿Y por qué el profesor lo estaba llamando? –se preguntó muy confundida.

Jueves, 31 de marzo
09.45 (9:45 a. m.)
Teopanzolco, Morelos, México - Hospital Vista Hermosa

– Siento haberlo abandonado[2] en la escena del accidente –le dijo el profesor al detective–. Usted sabe que yo los abandoné para salvarles la vida.

[2]*siento haberlo abandonado - I am sorry for having abandoned you*

71

– Hizo lo correcto, profesor. Gracias por devolver el espejo. ¿Cómo está Casanova?

– Él está conectado a un respirador artificial[3]. Todavía tiene mucho humo en los pulmones.

– Como ya devolvimos el espejo al templo de Tezcatlipoca, ¿no deberíamos estar bien?

– Deberían estar recuperados de la maldición, pero lo del accidente es otra cosa. Había

[3]*respirador artificial - respirator, breathing machine*

mucho humo en el carro que salió del motor. Casanova inhaló una gran cantidad de humo.

– Pero, profesor, no es lógico. Si el humo en los pulmones de Casanova fuera del motor, ¿no tendría yo también mucho humo en los pulmones? Yo ya me siento bien. Me imagino que poco a poco, Casanova también va a sentirse bien.

En este momento, entró el doctor. Miró al detective y, con voz triste, le dijo:

– Lo siento, detective. Hicimos todo lo posible para salvar a su amigo.

El detective estaba en estado de shock.

– No comprendo. Hicimos la restitución –murmuró el detective confundido–. ¿Murió intoxicado por la inhalación de humo?

– Parece que sufrió un ataque cardíaco. Es probable que haya sido causado[4] por la inhalación de humo.

El detective y el profesor se miraron el uno al otro. Se preguntaron: *«¿Tezcatlipoca aceptó la restitución o no?»*.

_____

[4]*haya sido causado - has been caused, was caused*

Capítulo 15
Normalidad

Martes, 3 de mayo
08.00 (8:00 a. m.)
Cuernavaca, Morelos, México - La comisaría

El detective llegó a la oficina. Estaba nervioso, y el corazón le latía rápidamente. No había estado en la oficina desde la muerte de Casanova. Por fin habían terminado con la investigación de su muerte. También habían terminado con la investigación de las muertes de Liliana Vargas y de Dolores Peña, pero Rodríguez ya no era parte de la investigación. El capitán decidió sacarlo del caso a causa de su participación en 'una investigación no autorizada'.

La muerte de Casanova le había causado problemas y los policías hicieron una investigación interna. Acusaron al detective de negligencia en la muerte de Casanova y mucha gente pensaba que estaba loco por investigar una maldición azteca. El capitán insistió en que el detective completara una extensa evaluación psiquiátrica. Al final, declararon su inocencia, pero Rodríguez sabía que mucha gente todavía sospechaba de él. *«¿Piensan que estoy loco?»*, pensó al entrar a la comisaría.

El detective entró tímidamente y se sorprendió por la recepción amigable[1]. Todos parecían estar contentos por su regreso, el capitán en particular. Había un caso de robos de automóviles y el capitán quería que Rodríguez lo investigara. El detective inmediatamente comenzó la investigación. En pocas horas, su oficina ya estaba llena de documentos, reportes e investigadores.

Después de muy poco tiempo, todo regresó a la normalidad. Rodríguez ya no llamaba la atención de los críticos y los policías continuaban con otros casos. Todo parecía normal –con excepción de las pesadillas[2] que

[1]amigable - friendly
[2]pesadillas - nightmares

75

todavía atormentaban al detective. Visiones de Tezcatlipoca llenaban sus pesadillas, pero el psicólogo le había dicho que era normal.

El caso de los robos de automóviles tenía al detective muy ocupado. Rodríguez pasó muchas horas extras investigando los robos. Parecía que él nunca iba a resolver el caso. Su teléfono sonaba constantemente con informes de nuevos robos. No estuvo nada sorprendido cuando sonó su teléfono la tarde del 2 de junio. Lo contestó de manera usual, pero no era una llamada normal.

— Rodríguez, hay una muerte extraña que vas a querer investigar...

Glosario

A

a - to; at
abajo - down
abandonado - abandoned
abandoné - I abandoned
abandonó - s/he abandoned
abrió - s/he opened
abruptamente - abruptly
accidente - accident
acento - accent
(haya) aceptado - has accepted
aceptó - s/he accepted
acompañar - to accompany, go with
acompañar(me) - to accompany (me), go with (me)
(que me) acompañe - (that) you go with (me)
actividad - activity
actividades - activities
acusaron - they accused
admitiendo - admitting, accepting
admitir - to admit, accept
admitir(les) - to admit (to them)

adolescente - teenager
afectado - affected
agarró - s/he grabbed
agitado - agitated, unsettled, shaken
agua - water
ahora - now
aire - air
al - to the, at the
alarmado(s) - alarmed, frightened
alarmar - to alarm, frighten
algo - something
algún - any, some
alucinación - hallucination
amarilla - yellow
amiga(s) - friend(s)
amigable - friendly
amigo(s) - friend(s)
análisis - analysis
analizando - analyzing
analizar - to analyze
analizaron - they analyzed
años - years
anotó - s/he noted down, wrote down
antes - before
antigüedades - antiques

antiguo(s) - antique, old

antropología - anthropology

apareció - s/he appeared

aproximadamente - approximately

área - área, zone, region

artefacto(s) - artifact(s)

artificial - artificial, unnatural

asesinato - murder

así - like this, like that

ataque - attack

atención - attention

atormentaban - they tormented

aunque - although

automóviles - cars, automobiles

autopsias - autopsies

autorizada - authorized

avenida - avenue

avisarle - to advise, notify, inform her

ayer - yesterday

ayudaba - I, s/he was helping

ayudar - to help

ayudo - I help

azteca(s) - Aztec(s)

B

(se) bajaron - they went down; got out

bajo - short

(se) bajó - s/he went down; got out

belleza - beauty

beneficioso - beneficial

bien - well, good

blanca - white

bolsa - bag

brazo(s) - arm(s)

brujería - witchcraft, sorcery

bueno - good

busca - s/he looks for, searches

buscaba - s/he looked for, was looking for

buscamos - we look for, search for

buscando - looking for, searching

buscar - to look for, to search

buscarlo - to look for it

buscaron - they looked for

buscó - s/he looked for

busqué - I looked for

C

café - coffee

caja - box

calendario - calendar

calle - street

(se) calmó - s/he calmed him/herself

canceladas - cancelled

cancelado - cancelled

cantidad - quantity, amount

capaces - capable, able

capitán - captain

cara - face

características - characteristics

cardíaco - cardiac

carro - car

casa(s) - house(s)

casi - almost, nearly, hardly

caso(s) - case(s)

causa - cause

causado - caused

(se) cayó - s/he fell

celular - cell phone

central - central, main

centro educativo - school, institute

cerraron - they closed

cerró - s/he closed

chica(s) - girl(s)

chico - boy

científico(s) - scientific, scientist(s)

cigarrillo(s) - cigarette(s)

cima - summit, peak, top

civilización - civilization

clases - classes

clóset - closet

coincidencias - coincidences

colaboración - collaboration

colaborar - to collaborate, cooperate

comentó - s/he commented, mentioned

(había) comenzado - (it, s/he had) begun, started

comenzar - to begin, start

comenzaron - they began, started

comenzó - s/he began, started

cometen - they commit

cometió - s/he committed

comisaría - police station

como - like; as; since

cómo - how

comparaciones - comparisons

comparar - to compare

comparativa - comparative

comparativo - comparative

completa - complete, whole

completamente - completely

completara - s/he complete

completarse - to complete, finish

completo - complete, whole

comprender - to understand

comprendieron - they understood

comprendo - I understand

común - common, normal, ordinary

con - with

concentrado - concentrated

concentrarme - to concentrate

concentró - s/he concentrated

condición - condition

conectado - connected

confirmar - to confirm

confundida - confused

confundido - confused

conmigo - with me

conquista - conquest

conquistadores - conquerors

consciente - conscious, aware

consecuencias - consequences

constante - constant, continuous

constantemente - constantly

contacto - contact

contaminado - contaminated

contenían - they contained

contenido - contents

contento(s) - content, happy

contesta - s/he answers

contestar - to answer

contestarle - to answer him, her

contestó - s/he answered

contigo - with you

continúa - s/he continues, carries on

continuaban - they continued

continuamente - continuously

continuar - to continue, carry on

continuaron - they continued

continuó - s/he continued

contrario - contrary, opposite

control - control

convencida - convinced

convencido - convinced

conversación - conversation

cooperativa - cooperative

corazón - heart

correcta - correct

correcto - correct

cosa(s) - thing(s), stuff

crimen - crime

crímenes - crimes

críticos - critics, critical

cronología - timeline, chronology

cuando - when

cuándo - when

cuánto - how much

cuantos - how many

cuántos - how many

cuerpo - body

cuerpos - bodies

cuestión - question

cultura - culture

cura - priest

curioso - curious

D

dado - given

dándole - giving him/her

darle - to give to him/her

darme - to give me

de - of, from

debajo de - under

debe - s/he should, ought to

deberíamos - we should, ought to

deberían - s/he should, ought to

debía - it, s/he should, ought to

decidieron - they decided

decidió - s/he decided

decir - to say, tell

decirle - to say to, tell him/her

decirles - to say to them, to tell them

declaración - statement, declaration

declararon - they declared, stated

decorado - decorated, furnished

definitivamente - definitely

déjà vu - déjà vu

del - of the, from the

demonio - demon

demostraron - they showed, demonstrated

departamento - department

depende - depends

dependía - s/he depended

dependían - they depended

descendientes - descendants

desde - from, since

desesperadamente - desperately

desesperado - desperate

desinteresado - uninterested

después - after

detalles - details

detective - detective

deteriorando - deteriorating

devolvemos - we return

devolver - to return (something to someone)

devolveré - I will return (something to someone)

devolvérselas - to return it to them

devolvimos - we returned (something to someone)

días - days

dicho - said, told

dieciséis - sixteen

diez - ten

diferente(s) - different

difícil - difficult

dijo - s/he said, told

dio - s/he gave

dios(es) - god(s)

dirección - address, direction

director - director

diseño - design

distraída - distracted

doctor(es) - doctor(s)

documentos - documents

dolor(es) - pain(s), ache(s)

donde - where

dónde - where

dormitorio - bedroom

dos - two

drogas - drugs

durante - during

E

ejercicio - exercise

el - the

él - he

ella - she

ellos - they

emoción - emotion, excitement

en - in, on

encontrado - found

encontramos - we find, we found

encontrar - to find, encounter

encontrarlo - to find, encounter it

encontraron - they found

encontraste - you found

encontró - s/he found

enemigos - enemies

energía - energy
enferma - sick
enfermedad - sickness, disease
enfermedades - diseases, sicknesses
enfermo(s) - sick
enojada - angry, mad
enojado - angry, mad
(se había) enojado - (s/he had) gotten angry
enojo - anger
(se) enojó - s/he got angry
enorme - enormous, huge
entonces - then
entrar - to enter, go into
entraron - they entered
entre - between
entren - they, you (pl.) enter, go into
entró - s/he entered, went into
envés - back, reverse
epidemias - epidemics, outbreaks
época - era, age, time
era - it, s/he was
eran - they, you (pl.) were
es - it, s/he is
esa - that
escaparse - to escape
escena(s) - scene(s)

ese - that
eso - that
español - Spanish, Spaniard
españoles - Spanish, Spaniards
especialista - specialist
espejo - mirror
esposa - wife, spouse
esposo - husband, spouse
esquina - corner
esta - this
está - it, s/he is
estaba - it, s/he was
estaban - they, you were
(había) estado - (s/he had) been
(he) estado - (I have) been)
estamos - we are
están - they, you (pl.) are
estar - to be
estará - s/he will be
estas - these
estás - you are
este - this
esté - it, s/he is
estemos - we are
esto - this
estoy - I am
estrés - stress
estresado(s) - stressed

estudiaba - s/he studied, was studying
estudiante - student
estudiar - to study
estudió - s/he studied
estuvo - s/he was
evaluación - evaluation
eventos - events
evidencia - evidence
exactamente - exactly
excelente - excellent
excepción - exception
exclamó - s/he exclaimed
exhausto(s) - exhausted
expandió - it, s/he expanded
experto(s) - expert(s)
explicación - explanation
explicarle - to explain to him/her
explicarles - to explain to them
explicó - s/he explained
explotar - to explode
extensa - extensive
extraña(s) - strange
extraño - strange
extras - extra
extremo - extreme

F

familia - family
familiar - familiar
familiarizado - familiarized
familias - families
fantasma - ghost
fatal(es) - awful, deadly, fatal
fatigada - exhausted
fatigado(s) - exhausted
favoritas - favorite
fertilidad - fertility
fiesta - party
figura - figure
fin - end
final - end, ending
firme - firm
firmemente - firmly
físicamente - physically
forense(s) - forensic
forma - way, form, shape
formó - s/he formed
foto(s) - photo(s)
frenéticamente - frantically
frustrado(s) - frustrated
fue - s/he went; it, s/he was
(que) fuera - (that) s/he was
fuéramos - that we go
fueron - they went
fuimos - we went

fumaba - s/he smoked, used to smoke, was smoking

fumaban - they smoked, used to smoke, were smoking

(había) fumado - (s/he had) smoked

fumando - smoking

funciona - it, s/he works, functions

G

gente - people

gentil - gentle, pleasant, nice

germen - germ, bacteria

gracias - thank you, thanks

gran - great, big

grande - big, large

gravedad - seriousness

graves - grave, serious

gritó - s/he yelled

grupo - group

guantes - gloves

guerra - war

(me) gusta - it pleases (me); I like

(le) gustaban - they were pleasing (to him/her); s/he liked

(le) gustaría - it would be pleasing (to him/her); s/he would like

H

ha - it, s/he has

haber - to have

(debía) haber - there should be

(podría) haber tenido - (it could) have had

(por) haberle hablado - for having spoken to him

haberlo abandonado - having abandoned you

(de) haberlo robado - of having robbed, stolen it

había - there was, there were

habla - s/he talks

hablaba - s/he was talking

(había) hablado - (s/he had) talked, spoken

hablamos - we talk, speak

hablan - they talk, speak

hablando - talking, speaking

hablar - to talk, to speak

hablar(le) - to talk, speak (to him/her)

hablaron - they spoke, talked

hablé - I spoke, talked

hábleme - talk to me
habló - s/he spoke, talked
hacemos - we do; make
hacer - to do; to make
hacia - toward
hacía (dos días) - (two days) ago
hay - there is; there are
haya - there is; it, s/he has
he - I have
hermana - sister
hermano - brother
hicieron - they did; they made
hicimos - we did; we made
hija(s) - daughter(s)
hipnotizado - hypnotized
historia - history; story
hizo - s/he did; s/he made
hola - hello
hombre - man
hombres - men
homicidio - homicide
hora(s) - hour(s); time
hospital(es) - hospital(s)
hubiera - there was
hubiera causado - had caused
hubo - there was; there were
huele - you smell
huelo - I smell

humanidades - humanities
humano - human
humeante - smoking, smoky
humo - smoke

I

iba - it, s/he was going
iban - they were going
idea - idea
ignoró - s/he ignored
igual - like
igualmente - equally
ilegal - illegal
imágenes - images
imaginación - imagination
imaginar - to imagine
imagino - I imagine
impaciente - impatient
impacientemente - impatiently
(le) importaban - they mattered (to him)
importan - they matter
importante - important
imposible(s) - impossible
impresionar - to impress
inaudible - inaudible
incluyendo - including
incomprensible - incomprehensible, unintelligible
inconsolable - inconsolable

indígena(s) - indigenous, native

información - information

informador - informer

informados - informed

informar(le) - to inform (him/her)

informe(s) - report(s)

informó - s/he informed

inhalación - inhalation

inhaló - s/he inhaled

inmediatamente - immediately

(de) inmediato - immediately

inocencia - innocence

inocentes - innocent

insignificante - insignificant; unimportant; small

insistió - s/he insisted

inspeccionaba - s/he was inspecting

inspeccionando - inspecting

inspeccionar - to inspect

inspeccionó - s/he inspected

intentamos - we try; tried

(le) interesaban - they were interesting (to him/her)

interesante - interesting

interna - internal

internet - internet

(que) interprete - that s/he interprets

interrumpió - s/he interrupted

íntimas - close

intolerable - unbearable, insufferable

intoxicadas - poisoned

intoxicado - poisoned

inusual - unusual

inútil - useless

investigación - investigation

investigado - investigated

investigador(es) - investigator(s)

investigando - investigating

investigar - to investigate

(que) investigara - (that) s/he investigate

(que) investigue - (that) I investigate

ir - to go

irritado - irritated; annoyed

ir(se) - to leave

J

jade - jade

jueves - Thursday

juntamos - we gathered

juntos - together

justo - just

L

la - the; her
laboratorio - laboratory
las - the; them
latía - it was beating
latió - it beat
le - to him/her
lengua - language; tongue
les - to them
levantar - to lift, pick up
levantó - s/he lifted, picked up
lista - list
llama - s/he calls
llamaba - s/he was calling
llamada(s) - (phone) call(s)
llamado - called
llamando - calling
llamar - to call
llamaré - I will call
llamaremos - we will call
llamar(lo) - to call (him)
llamaron - they called
llamó - s/he called
llegado - arrived
llegar - to arrive
llegaron - they arrived
llegó - s/he arrived
llena - full
llenaba - it filled, was filling
llenaban - they were filling

llenó - it filled
(se) llenó - it (got) filled
llevaba - s/he was wearing
lléva(lo) - take (it)!
llevamos - we took
llevando - taking; carrying; wearing
llevar - to wear; to carry; to take
(que) llevara - (that) you take
llevaré - I will take
llevaron - they took
llevárselo- to take it to him/her
(que) lleve - (that) you take
llevó - s/he took
lo - it, him
loco - crazy
lógico - logical
los - the; them
lunes - Monday
lupa - magnifying glass

M

madre - mother
mal - bad; unwell
mala - bad
maldición - curse
maldiciones - curses
maldito - cursed

mamá - mom
mañana - tomorrow
manera - manner; way
martes - Tuesday
marzo - March
más - more
masacre - massacre
máscara - mask
mata - s/he kills
matar - to kill
mataron - they killed
maya - Mayan
mayo - May
mayoría - majority
me - me; to me
media - half
medianoche - midnight
médico - doctor
médico forense - coroner
mejor - better; best
mejores - best
mencionado - mentioned
mencionar - to mention
mencioné - I mentioned
mencionó - s/he mentioned
mensaje - message
mi - my
mí - me
miedo - fear
mientras - while
miércoles - Wednesday

millas - miles
minutos - minutes
mira - s/he looks at; watches
mirando - looking at; watches
mirar(lo) - too look at (him; it)
miraron - they looked at; watched
mire - look at
miró - s/he looked at
mis - my
misma - same
mismo - same
misterio - mystery
misteriosa - mysterious
mitología - mythology
momento - moment
montaña - mountain
morgue - morgue
morir - to die
motor - motor
mucha - a lot of, much
muchas - a lot of, many
mucho - a lot of, much
muchos - a lot of, many
muere - s/he dies
muerta(s) - dead
muerte(s) - death(s)
muerto - dead
mujer - woman

mujeres - women

muriendo - dying

(que) muriera - (that) s/he dies

murieron - they died

murió - s/he died

murmuraba - s/he was murmuring, muttering

murmuró - s/he murmured; muttered

museo - museum

muy - very

N

nada - nothing; at all

nadie - nobody

náhuatl - Aztecan language

náuseas - nausea

necesario - necessary

necesitaban - they were needing

necesitan - they need

necesitas - you need

necesito - I need

negligencia - negligence

negra - black

negros - black

nervioso - nervous

ni - neither; nor

ningún - any; not a single

ninguna - any; not a single

no - no

noche - night

noreste - northeast

normal - normal

normalidad - normality; normal; normalcy

nos - us

nosotros - we

nota - note

notado - noticed

notaron - they noticed

noto - I notice

notó - s/he noticed

nueva - new

nuevo(s) - new

número - number

nunca - never

O

observó - s/he observed

obvio(s) - obvious

ocupado - busy

ocurrió - occured; happened

ofensa - offense

oficina - office

ofreció - s/he offered

ojos - eyes

olí - I smelled

olía - s/he was smelling

(había) olido - (s/he had) smelled

olimos - we smelled

olió - s/he smelled

olor - odor

opcional - optional

opciones - options

oportunidades - opportunities

origen - origin

otro(s) - other(s); another

otra(s) - other(s); another

oxígeno - oxygen

P

paciencia - patience

padre - father

padres - parents

página(s) - page(s)

pánico - panic

papá - dad

papelito - slip of paper

papi - daddy

par - pair

para - for; to, in order to

paranoia - paranoia

paranormal(es) - paranormal

parece - it, s/he seems

pareces - you seem

parecía - it, s/he seemed

parecían - they seemed

parte(s) - part(s)

participación - participation

particular - particular

pasa - s/he passes

pasada - past

(había) pasado - (had) spent; (had) happened; (had) passed

pasando - happening

pasaron - they passed

pasen - pass; enter

pasó - s/he passed; spent

pausa - pause; break

pecho - chest

pensaba - s/he was thinking

pensábamos - we were thinking

(había) pensado - (s/he had) thought

pensar - to think

pensé - I thought

pensó - s/he thought

perdida(s) - lost

perdido(s) - lost

perdió - s/he lost

perdone - pardon, forgive

perfecto - perfect

periódico - newspaper

periodista - journalist

permiso - permission

permitió - s/he permitted, allowed

permitir(me) - to permit me

pero - but

persona - person

personas - people

pesadillas - nightmares

piensan - they think

piensas - you think

piernas - legs

pintada - painted

pirámide - pyramid

piso - floor

pista(s) - clue(s)

plástico - plastic

plaza - plaza; town square

poca(s) - a little; few

poco(s) - a little; few

podemos - we can

poder - to be able to

podía - s/he could

podrán - they will be able to

podríamos - we would be able to

podrían - they would be able to

policía(s) - police; police officer(s)

por - for; by; through

porque - because

poseer - to possess

posible - possible

posición - position

posicionaron - they positioned

posiciones - positions

precaución(es) - precaution(s); preventive measure(s)

pregunta(s) - question(s)

preguntaron - they asked

preguntó - s/he asked

(se) preguntó - s/he asked (her/himself); s/he wondered

preocupada - worried

preocupado - worried

(no te) preocupes - don't worry (yourself)

(se) preocupó - s/he worried

presente - present

presento - I present; I introduce

prevención - prevention

principal - main

probable - probable; likely

problema(s) - problem(s)

profesor - professor, teacher

progresado - progressed

prometes - you promise

prometió - s/he promised

propias - own

protectora - protective

proyecto - project
psicólogo - psychologist
psiquiátrica - psychiatric
pudo - s/he was able
pueblito - small village
pueblo - village, town
puede - s/he can
pueden - they can
puedes - you can
puedo - I can
puerta - door
pulmones - lungs
pulque - a Mexican alcoholic drink made by fermenting sap from the agave plant
(a) punto de - about to (at the point of)

Q

que - that
qué - what
querer - to want
quería - s/he wanted
querían - they wanted
querida - dear
quien - who
quién - who
quiere - s/he wants
quiero - I want
quince - fifteen

R

rápida - quick, fast
rápidamente - rapidly, quickly
rápido - quick, fast
raya - stripe
realmente - really
recepción - reception
recibido - received
recibió - s/he received
recomendó - s/he recommended
recomienda - s/he recommends
recomiendo - I recommend
reconozco - I recognize
recuperados - recovered
reflejo - reflection
registros - registers; records
regresar - to return
regreso - return
regresó - s/he returned
relación - relationship
relacionada - related
relacionado - related
(de) repente - suddenly
repitió - s/he repeated
reporte(s) - report(s)
reportero(s) - reporter(s)
representa - s/he represents
reputación - reputation

requería - it required
resolver - to resolve, solve
(que) resolviera - that s/he solve
respeto - respect
respiración - respiration, breathing
respirador - respirator, ventilator
responder - to respond
(había) respondido - (s/he had) responded
respondió - s/he responded
responsable(s) - responsible
restitución - restitution, return
resto - rest
resultado - result
revelaciones - revelations
reveló - s/he revealed
ridículos - ridiculous
rígidos - rigid, stiff
rivales - rivals
robado - stolen
robaron - they stole
robos - robberies, thefts
ruinas - ruins
ruta - route

S

sábado - Saturday

sabe - s/he knows
sabes - you know
sabía - s/he knew
sabían - they knew
saca - s/he takes out
sacar(lo) - to take (it) out
sacó - s/he took out
sale de - it comes out of
salieron - they left
salió - s/he left; it came out
salió de - s/he left from; it came out of
salió para - s/he left for
salvar - to save
salvar(les) - to save (them)
se - himself, herself
(que) sea - (that) it, s/he is
(que) sean - (that) they are
secretos - secrets
seis - six
semana(s) - week(s)
semestral - semester
señor - sir; Mr.
señora - ma'am; Mrs.
señoras - ladies
sensación - sensation, feeling
sentía - s/he was feeling
sentían - they were feeling
(había) sentido - (s/he had) felt

Glosario

(nos) sentimos - we feel
sentir - to feel
sentir(se) - to feel
ser - to be
seria - serious
serio - serious
servicio - service
servir - to serve; to be useful
si - if
sí - yes
(haya) sido - it has been
(se) siente - you feel
(lo) siento - I'm sorry
(me) siento - I feel
silencio - silence
símbolo(s) - symbol(s)
sin - without
sino - but rather
sintiéndose - feeling
(se) sintió - s/he felt
(ni) siquiera - (not) even
situación - situation
sobre - about
sobrina - niece
sofocando - suffocating
sola - alone
solo - alone; only
solución - solution
son - they are
sonaba - it was ringing
sonó - it rang

sorprendido - surprised
(se) sorprendió - s/he (became) surprised
sospecha(s) - suspicion(s)
sospechaba de - s/he suspected, was suspicious of
soy - I am
su(s) - his, her, their
(se) subían - they were climbing
subiendo - climbing
(se) subieron - they climbed; got in
(se) subió - s/he climbed; got in
subir - to climb; to get in (a vehicle)
suficiente - sufficient, enough
sufría - s/he was suffering
sufriendo - suffering
sufrió - s/he suffered
suicidio - suicide

T

también - also; as well; too
tampoco - neither; nor
tan - so
tanto - so much
tarde(s) - afternoon; late
te - you; to you

teléfono - telephone

temblaba - s/he was trembling, shaking

temblando - trembling

templo - temple

tendría - s/he would have

tenemos - we have

tener - to have

(que) tenga - (that) I, s/he have

(que) tengamos - (that) we have

(que) tengan - (that) they have

tengo - I have

tenía - s/he had

tenían - they had

(haber) tenido - (to have) had

tensa - tense

tentación - temptation

(habían) terminado - (they had) finished

terminar - to finish; to end

terminará - it will end

terror - terror, horror

testigo(s) - witness(es)

texto - text

ti - you

tiempo - time

tiene - s/he has

tienen - they have

tienes - you have

tímidamente - timidly, shyly

toc toc - knock knock

toda(s) - all, every

todavía - still; yet

todo(s) - all, every

tomaba - s/he was taking

(no la había) tomado en serio - he had not taken her seriously

tome - take

tomó - s/he took

tono - tone

torcidas - twisted

torcido(s) - twisted

torcieron - they twisted

toxicología - toxicology

tradicional - traditional

traficantes - trafficker

tragedia - tragedy

trágica - tragic

tremendo - terrible; awful

tres - three

triste(s) - sad

tristemente - sadly

tristeza - sadness

tu(s) - your

tú - you

(que) tuviera - (that) s/he had

(que) tuvieran - (that) they had

tuvo - s/he had

U

uau - wow

uf - phew

última - last

un - a; an

una - a; an

unas - some; a few

uni - university, short for universidad

universidad - university, college

uno - one

unos - some; a few

urgente - urgent

(había) usado - (s/he had) used

usan - they use

(que) use - (that) you use

usó - s/he used

usted - you

V

va - s/he goes

vámonos - let's go

vamos - we go

van - they go

(en) vano - in vain

varias - several

varios - several

vas - you go

(que) vaya - (that) it is going

váyanse - you go

(que) vayas - (that) you go

ve - s/he sees

(se) ve - is seen; you look

veces - times

vehículo - vehicle

veía - s/he was seeing

vemos - we see

venía - s/he was coming

venimos - we came

veo - I see

ver - to see

ver(lo) - to see (it; him)

vez - time

víctima(s) - victim(s)

vida - life

vieron - they saw

vino - it, s/he came

vio - s/he saw

virus - virus

visiblemente - visibly

visión(es) - vision(s)

visita - visit

viste - you saw

(ha) visto - (s/he has) seen

(había) visto - (s/he had) seen

vive - s/he lives

(había) vomitado - (s/he had) vomited

vomitando - vomiting

voy - I go

voz - voice

Y

ya - already

yo - I

Z

Zetas - a Mexican drug cartel